AGRADECIMIENTO

**Mi nombre es Jorge Sarango
Licenciado en Ciencias,
Empresario y Escritor de libros
como INTELIGENCIA
ARTIFICIAL.
Mi agradecimiento y dedicatorias
a mis hijas Silvana, Evelin,Lorena
y Bea.**

ÍNDICE

INTELIGENCIA ARTIFICIAL

INTRODUCCIÓN

"Un Viaje hacia el Cerebro de las Máquinas"

La inteligencia artificial, o IA, ha capturado la imaginación de la humanidad desde hace décadas.

Es una de las fronteras más emocionantes y desafiantes de la ciencia y la tecnología, que nos permite explorar el potencial de las máquinas para pensar, aprender y tomar decisiones de manera autónoma.

La IA ha evolucionado desde sus inicios humildes hasta convertirse en un elemento central en prácticamente todos los aspectos de nuestra vida cotidiana, desde nuestros teléfonos inteligentes hasta la medicina, la industria y más allá.

Este libro, "Inteligencia Artificial:

Un Viaje hacia el Cerebro de las Máquinas," es un recorrido exhaustivo y accesible por el fascinante mundo de la inteligencia artificial.

A medida que nos adentramos en estas páginas, descubriremos cómo las máquinas pueden aprender de datos, tomar decisiones, comunicarse con nosotros e incluso superar a los seres humanos en tareas intelectuales.

La inteligencia artificial se ha vuelto omnipresente en nuestras vidas, y esta obra se propone arrojar luz sobre lo que eso significa para el presente y el futuro.

Nos adentraremos en el mundo de la IA que está revolucionando campos como la medicina, la educación, la robótica y la industria.

También abordaremos preguntas éticas apremiantes sobre el uso de la inteligencia artificial y cómo garantizar que esta tecnología sirva para el bienestar de la humanidad.

En este libro, desmitificamos la IA y proporcionaremos un entendimiento sólido de sus conceptos fundamentales.

Además, analizaremos las tecnologías de vanguardia que están dando forma a nuestro mundo y anticiparemos cómo la inteligencia artificial continuará evolucionando y transformando la forma en que vivimos, trabajamos y nos relacionamos.

CAPÍTULO 1 LOS FUNDAMENTOS DEL IA

En este primer capítulo, nos sumergiremos en los fundamentos de la inteligencia artificial (IA) para establecer una base sólida antes de adentrarnos en temas más avanzados.

Comprender los conceptos básicos es esencial para apreciar cómo la IA ha llegado a su estado actual y hacia dónde se dirige en el futuro.

Vamos a explorar algunos de los aspectos clave de la IA:

Definición de Inteligencia Artificial:

Comenzaremos por definir qué es la inteligencia artificial.

La IA se refiere a la capacidad de las máquinas para realizar tareas que, cuando son realizadas por seres humanos, requieren inteligencia.

Esto incluye la capacidad de razonar, aprender, resolver problemas y tomar decisiones.

Historia de la Inteligencia Artificial:

Un vistazo a la evolución histórica de la IA.

Desde las primeras teorías sobre máquinas pensantes hasta los hitos en la investigación de IA, como el nacimiento del campo en la década de 1950 y los altibajos en su desarrollo.

Enfoques en la Inteligencia Artificial:

Aquí, discutiremos dos enfoques principales en la IA: el enfoque simbólico y el enfoque de aprendizaje automático.

Explicaremos las diferencias entre ellos y cómo se complementan en muchas aplicaciones de la vida real.

Agentes Inteligentes:

Introduciremos el concepto de agentes inteligentes, que son sistemas de IA capaces de percibir su entorno, tomar decisiones y actuar en consecuencia.

Estos agentes son la base de muchas aplicaciones de IA, desde asistentes virtuales hasta vehículos autónomos.

Problemas Resolubles por IA:

Veremos qué tipos de problemas son adecuados para la resolución por parte de sistemas de IA y cuáles son los desafíos que aún enfrentan.

Esto incluye problemas de búsqueda, toma de decisiones y procesamiento de lenguaje natural.

Evolución de Hardware y Software:

Discutiremos cómo el avance en la capacidad de procesamiento, el almacenamiento y el software ha impulsado el crecimiento de la IA en las últimas décadas.

La Ley de Moore y el desarrollo de unidades de procesamiento gráfico

(GPU) desempeñan un papel importante.

Ejemplos Clásicos de IA:

Para ilustrar los conceptos discutidos, presentaremos ejemplos clásicos de IA, como el ajedrez y el reconocimiento de voz, que han demostrado ser hitos en el desarrollo de la tecnología.

Al final de este capítulo, los lectores tendrán una comprensión sólida de los principios fundamentales que subyacen a la IA, lo que sentará las bases para explorar conceptos más avanzados y aplicaciones emocionantes en los capítulos posteriores.

La inteligencia artificial es un campo en constante evolución, y comprender sus raíces es esencial para apreciar su impacto y su potencial en el mundo moderno.

CAPÍTULO 2 HISTORIA Y EVOLUCIÓN DE LA IA

Estudiaremos la apasionante historia y evolución de la inteligencia artificial (IA), un viaje que abarca décadas de avances, desafíos y éxitos.

La historia de la IA es una narrativa rica en innovación y desafío, y es fundamental para comprender cómo hemos llegado al estado actual de esta disciplina.

Los temas clave que abordaremos en este capítulo incluyen:

Los Inicios de la IA:

Retrocedemos en el tiempo para explorar los orígenes de la IA.

Desde las teorías pioneras de Alan Turing y su famosa "Máquina Universal" hasta las discusiones iniciales sobre la posibilidad de que las máquinas puedan pensar como seres humanos.

El Nacimiento de la IA: Hablaremos sobre la conferencia de Dartmouth en 1956, un hito crucial que marcó el nacimiento oficial de la IA como un campo de investigación. John McCarthy, Marvin Minsky, Nathaniel Rochester y otros líderes visionarios se reunieron para definir los objetivos y las metas de la IA.

La Edad de Oro y la Desilusión: Describiremos la "Edad de Oro" de la IA en las décadas de 1950 y 1960, que estuvo marcada por un optimismo desenfrenado.

Sin embargo, también exploraremos la crisis de la IA en la década de 1970, cuando los avances prometidos no se materializaron como se esperaba.

Resurgimiento de la IA: Detallaremos el resurgimiento de la IA en la década de 1980, impulsado por avances en el aprendizaje automático y la creación de sistemas expertos.

Esto condujo a una serie de aplicaciones exitosas en campos como la medicina y la industria.

Machine Learning y Aprendizaje Profundo: Discutiremos la importancia del machine learning y el auge del aprendizaje profundo en la historia reciente de la IA.

Estos avances han revolucionado la capacidad de las máquinas para aprender a partir de datos y realizar tareas complejas.

Logros Recientes en IA:

Se destacarán algunos de los hitos más recientes en la IA, como el desarrollo de sistemas de procesamiento de lenguaje natural de vanguardia, vehículos autónomos y juegos de inteligencia artificial que superan a los humanos.

Éxitos y Desafíos Actuales:
Abordaremos los éxitos actuales de la IA en áreas como la atención médica, la educación y la industria, pero también mencionaremos los desafíos éticos y regulatorios que enfrenta el campo.

El Futuro de la IA:

Concluirá el capítulo con una visión del futuro de la IA, explorando cómo esta tecnología continuará influyendo en la sociedad y la economía.

**A lo largo de este recorrido histórico, los lectores obtendrán una apreciación más profunda de cómo la IA ha evolucionado y cómo las lecciones del pasado están influyendo en el desarrollo actual y futuro de esta emocionante disciplina.

La historia de la IA es una historia de perseverancia, innovación y visión de futuro, y proporciona un contexto valioso para la comprensión de su impacto en el mundo actual.

CAPÍTULO 3 TIPOS DE INTELIGENCIA ARTIFICIAL

Veremos los diversos tipos de inteligencia artificial (IA) que existen, resaltando cómo la IA se puede clasificar según su funcionalidad y capacidades.

Comprender los distintos tipos de IA es esencial para apreciar su diversidad y aplicaciones en una amplia gama de campos.

Los temas clave que abordaremos en este capítulo incluyen:

Inteligencia Artificial Débil (IA Estrecha):

Comenzaremos describiendo la IA débil, también conocida como IA estrecha o específica.

Este tipo de IA se especializa en realizar tareas específicas, como el reconocimiento de voz, la visión por computadora o el procesamiento de lenguaje natural.

Estudiaremos ejemplos de aplicaciones de IA débil en la vida cotidiana, como asistentes virtuales y sistemas de recomendación.

Inteligencia Artificial Fuerte (IA General):

Luego, nos adentraremos en la IA fuerte, que aspira a desarrollar máquinas que posean una inteligencia comparable a la humana en una amplia gama de tareas.

Discutiremos los desafíos y los avances en la búsqueda de la IA fuerte y examinaremos ejemplos como la creación de sistemas que pueden razonar y aprender como seres humanos.

Sistemas de Aprendizaje Automático (Machine Learning):

El aprendizaje automático es un subcampo esencial de la IA que permite a las máquinas aprender patrones a partir de datos.

Analizaremos cómo funciona el aprendizaje automático, los tipos de algoritmos utilizados y ejemplos de aplicaciones, como la clasificación de correos no deseados y la detección de fraudes.

Aprendizaje Profundo (Deep Learning):

Exploraremos el aprendizaje profundo como una subcategoría del aprendizaje automático que utiliza redes neuronales artificiales profundas para tareas complejas, como el reconocimiento de imágenes y el procesamiento de lenguaje natural.

Veremos cómo ha impulsado avances en áreas como la visión por computadora y la traducción automática.

Sistemas Expertos:

Los sistemas expertos son programas de computadora que emulan el conocimiento y la experiencia de un experto humano en un campo específico.

Mostraremos cómo se utilizan en diagnóstico médico, asesoramiento legal y otros campos especializados.

Robótica y Automatización:

Analizaremos cómo la IA se integra en la robótica y la automatización, permitiendo que los robots realicen tareas complejas en entornos diversos, desde la fabricación hasta la exploración espacial.

Sistemas de Recomendación:

Exploraremos cómo funcionan los sistemas de recomendación, que utilizan algoritmos de IA para ofrecer sugerencias personalizadas en servicios como Netflix, Amazon y redes sociales.

Inteligencia Artificial en Juegos:

Discutiremos cómo la IA se ha utilizado para crear oponentes virtuales sofisticados en juegos de vídeo y ajedrez, incluso logrando superar a los campeones humanos.

Asistentes Virtuales y Chatbots: Veremos cómo los asistentes virtuales, como Siri y Google Assistant, así como los chatbots en línea, utilizan la IA para comprender y responder a las preguntas y solicitudes de los usuarios.

Computación Cuántica y la IA:

Cerraremos el capítulo explorando la relación emergente entre la computación cuántica y la IA y cómo la computación cuántica podría impulsar avances significativos en la resolución de problemas complejos.

Este capítulo proporcionará una visión panorámica de los diferentes tipos de IA, desde la más especializada hasta la más general, y cómo se aplican en diversas industrias y campos.

Cada tipo de IA tiene sus propias fortalezas y limitaciones, lo que hace que la comprensión de estas diferencias sea crucial para el desarrollo y la implementación exitosa de soluciones de inteligencia artificial.

diferencias sea crucial para el desarrollo y la implementación exitosa de soluciones de inteligencia artificial.

CAPÍTULO 4 MACHINE LEARNING Y APRENDIZAJE PROFUNDO

Este capítulo se centrará en dos de los aspectos más fundamentales y revolucionarios de la inteligencia artificial: el machine learning (aprendizaje automático) y el aprendizaje profundo.

Estos enfoques han sido los motores principales del reciente auge de la IA y han llevado a avances significativos en una amplia variedad de aplicaciones.

A lo largo de este capítulo, explicaré en detalle ambos conceptos:

Machine Learning (Aprendizaje Automático):

¿Qué es el Machine Learning?

Comenzaremos definiendo el concepto de aprendizaje automático.

Explicaremos cómo el aprendizaje automático permite a las máquinas aprender patrones y tomar decisiones basadas en datos, en lugar de programación explícita.

Tipos de Aprendizaje Automático:

Discutiremos los diferentes enfoques en el aprendizaje automático, incluyendo el aprendizaje supervisado, no supervisado, y por refuerzo.

Cada uno de estos enfoques tiene aplicaciones específicas y desafíos.

Algoritmos de Machine Learning:

Abordaremos algunos de los algoritmos de aprendizaje automático más comunes, como regresión lineal, árboles de decisión, y máquinas de soporte vectorial (SVM), junto con ejemplos de cómo se aplican en problemas reales.

Aplicaciones del Machine Learning:

Exploraremos ejemplos prácticos de aplicaciones de aprendizaje automático en campos como la medicina (diagnóstico médico), finanzas (detección de fraudes), y marketing (recomendaciones personalizadas).

Aprendizaje Profundo (Deep Learning):

¿Qué es el Aprendizaje Profundo?

Luego, nos adentraremos en el aprendizaje profundo, una rama del aprendizaje automático que utiliza redes neuronales artificiales profundas para modelar y resolver tareas complejas.

Redes Neuronales Artificiales:

Describiremos las redes neuronales artificiales y cómo están inspiradas en la estructura del cerebro humano.

Explicaremos cómo funcionan las capas y las neuronas artificiales.

Aplicaciones del Aprendizaje Profundo:

Mostraremos cómo el aprendizaje profundo ha revolucionado campos como la visión por computadora, donde las redes neuronales convolucionales (CNN) han mejorado la detección de objetos, y el procesamiento de lenguaje natural, donde las redes neuronales recurrentes (RNN) han mejorado la traducción automática y la generación de texto.

Avances Recientes:

Discutiremos algunos de los avances más emocionantes y recientes en aprendizaje profundo, como el aprendizaje por transferencia y el uso de redes neuronales generativas (GAN) para crear contenido artificial.

Desafíos y Futuro del Aprendizaje Profundo:

También abordaremos los desafíos que enfrenta el aprendizaje profundo, como la necesidad de grandes conjuntos de datos y la interpretabilidad de los modelos, y discutiremos el futuro de esta tecnología en la IA.

Este capítulo proporcionará una comprensión sólida de cómo el machine learning y el aprendizaje profundo son pilares esenciales de la inteligencia artificial moderna.

Estos enfoques están en constante evolución y desempeñan un papel crucial en aplicaciones que van desde la asistencia médica hasta la conducción autónoma y la creación de contenido digital, lo que los convierte en elementos esenciales para comprender la IA en la actualidad.

CAPÍTULO 5 ÉTICA EN LA INTELIGENCIA ARTIFICIAL

La ética desempeña un papel fundamental en la creciente influencia de la inteligencia artificial (IA) en nuestras vidas.

Este capítulo se enfocará en las implicaciones éticas de la IA y cómo las decisiones que tomamos en este campo pueden tener un impacto significativo en la sociedad.

Estudiaremos una serie de temas y consideraciones clave:

Ética en la Creación de Algoritmos:

Comenzaremos por discutir la importancia de la ética en la creación de algoritmos de IA.

Esto incluye la necesidad de evitar sesgos, discriminación y decisiones perjudiciales que los algoritmos pueden tomar si no se diseñan con ética.

Sesgo algorítmico:

Abordaremos en detalle el tema del sesgo en los algoritmos de IA, destacando cómo los datos de entrenamiento sesgados pueden llevar a resultados injustos y discriminatorios.

Analizaremos ejemplos de sesgo en aplicaciones de la vida real, como la discriminación en la contratación y la justicia penal.

Transparencia y Explicabilidad:

Discutiremos la necesidad de que los sistemas de IA sean transparentes y capaces de explicar sus decisiones.

Esto es esencial tanto para la confianza del usuario como para la responsabilidad de las organizaciones que los implementan.

Privacidad y Seguridad:

Exploraremos cómo la IA puede amenazar la privacidad y la seguridad de los individuos si no se maneja adecuadamente.

Discutiremos la recopilación de datos, la protección de la información personal y la ciberseguridad en un mundo impulsado por la IA.

Ética en la Automatización y el Empleo:

Consideraremos cómo la automatización impulsada por la IA puede afectar a la fuerza laboral y la ética en la pérdida de empleo.

También estudiemos la noción de una renta básica universal como una solución ética.

Responsabilidad Legal y Ética:

Examinaremos la cuestión de la responsabilidad legal cuando los sistemas de IA cometen errores o toman decisiones perjudiciales.

¿Quién es responsable en tales situaciones? ¿Cómo se asigna la responsabilidad ética?

Ética en la Inteligencia Artificial General (IAG):

Discutiremos las preocupaciones éticas relacionadas con la creación de una IA fuerte o general, que podría competir con la inteligencia humana.

Esto incluye la necesidad de control y regulación.

Regulación y Normativas Éticas:

Exploraremos los esfuerzos gubernamentales y de la industria para establecer regulaciones y normativas éticas en el campo de la IA.

¿Cuáles son los marcos éticos propuestos y cómo afectarán a la IA en el futuro?

Ética en la Investigación y Desarrollo:

Abordaremos la ética en la investigación y desarrollo de la IA, incluyendo el uso de la IA en la investigación científica, la medicina y otros campos.

Educación y Concientización Ética:

Concluiremos con la importancia de la educación y la concientización ética en el campo de la IA.

La formación ética de profesionales de la IA y la sensibilización del público son pasos esenciales en la promoción de un uso responsable de la tecnología.

Este capítulo profundizará en la creciente importancia de la ética en la IA y cómo estas consideraciones éticas se están convirtiendo en un componente crítico para el desarrollo y la adopción de esta tecnología.

 La IA tiene el potencial de mejorar nuestras vidas de muchas maneras, pero también plantea desafíos éticos que deben abordarse cuidadosamente para garantizar su beneficio para la sociedad en su conjunto.

CAPÍTULO 6 APLICACIONES DE LA IA EN LA VIDA COTIDIANA

La inteligencia artificial (IA) se ha convertido en una parte integral de nuestra vida cotidiana, y este capítulo se centrará en cómo la IA ha impactado y continúa impactando diversos aspectos de nuestras rutinas diarias.

Veremos una amplia gama de aplicaciones de la IA que hacen que nuestras vidas sean más convenientes, seguras y eficientes:

Asistentes Virtuales:

Describiremos cómo los asistentes virtuales como Siri, Google Assistant,

Alexa y Cortana utilizan la IA para responder preguntas, realizar tareas y brindar información en una variedad de dispositivos, desde teléfonos inteligentes hasta altavoces inteligentes.

Recomendaciones Personalizadas:

Discutiremos cómo los algoritmos de IA se utilizan para recomendar productos, música, películas, libros y contenido en plataformas como Netflix, Amazon y Spotify.

Estas recomendaciones personalizadas mejoran la experiencia del usuario y fomentan la exploración.

Traducción Automática:

Estudiaremos cómo la IA se utiliza en servicios de traducción automática, como Google Translate, para superar las barreras del idioma y facilitar la comunicación global.

Filtros de Spam y Seguridad en Correo Electrónico:

Describiremos cómo los algoritmos de IA se utilizan para detectar y filtrar correos no deseados, así como para identificar posibles amenazas de seguridad en los mensajes de correo electrónico.

Aplicaciones de Salud y Bienestar:

Examinaremos cómo la IA se utiliza en aplicaciones de seguimiento de salud, como dispositivos de fitness y aplicaciones de seguimiento del sueño, para ayudar a las personas a mantenerse saludables y alcanzar sus objetivos de bienestar.

Navegación GPS y Tráfico:

Abordaremos cómo los sistemas de navegación y las aplicaciones de tráfico utilizan la IA para proporcionar rutas óptimas, estimaciones precisas de llegada y alertas sobre condiciones de tráfico en tiempo real.

Búsqueda en Internet:

Explicaremos cómo los motores de búsqueda como Google utilizan algoritmos de IA para indexar y clasificar páginas web, lo que permite

a los usuarios encontrar información relevante de manera eficiente.

Redes Sociales:

Analizaremos cómo las redes sociales utilizan la IA para personalizar los feeds de noticias, etiquetar fotos automáticamente y detectar contenido inapropiado.

Automatización en el Hogar:

Describiremos cómo la IA se integra en sistemas de automatización del hogar para controlar dispositivos como luces, termostatos y electrodomésticos de manera inteligente y eficiente.

Compras en Línea y Comercio Electrónico:

Exploraremos cómo los sistemas de recomendación y los chatbots de IA mejoran la experiencia de compra en línea y ayudan a los consumidores a tomar decisiones informadas.

Reconocimiento de Voz y Comandos de Voz:

Detallaremos cómo la IA permite el reconocimiento de voz y comandos de voz en aplicaciones como teléfonos inteligentes y asistentes de voz, lo que facilita la interacción con dispositivos y servicios.

Automóviles Autónomos:

Mencionaremos cómo la IA desempeña un papel fundamental en el desarrollo de vehículos autónomos, que prometen revolucionar la industria del transporte y mejorar la seguridad en carretera.

Este capítulo proporcionará una visión completa de cómo la IA ha permeado muchos aspectos de la vida cotidiana, mejorando la comodidad, la eficiencia y la seguridad.

La tecnología de IA se ha vuelto invisible pero poderosa, influyendo en cómo trabajamos, nos comunicamos y vivimos en la era digital.

CAPÍTULO 7 IA EN LA MEDICINA Y LA SALUD

La inteligencia artificial (IA) ha tenido un impacto revolucionario en la industria de la medicina y la salud, transformando la forma en que se diagnostican enfermedades, se administran tratamientos y se gestionan los datos de los pacientes.

Veremos las numerosas aplicaciones de la IA en la medicina y la salud:

Diagnóstico Médico:

Describiremos cómo la IA se utiliza para analizar imágenes médicas, como radiografías, resonancias magnéticas y escáneres de tomografía computarizada.

La IA puede ayudar a detectar enfermedades como el cáncer, enfermedades cardíacas y trastornos neurológicos con una precisión sorprendente.

Telemedicina:

Discutiremos cómo la IA ha habilitado la telemedicina, permitiendo la atención médica remota a través de consultas en línea, monitoreo a distancia y diagnóstico asistido por computadora.

Detección de Enfermedades Infecciosas:

Examinaremos cómo la IA se ha utilizado en la detección de enfermedades infecciosas, incluyendo la detección de brotes de enfermedades como la gripe y el COVID-19 a partir de datos de síntomas y pruebas.

Salud Mental:

Exploraremos aplicaciones de IA en la salud mental, incluyendo chatbots y aplicaciones que ofrecen apoyo y seguimiento de salud mental.

Gestión de Datos de Pacientes:

Describiremos cómo los sistemas de gestión de datos de pacientes basados en la IA ayudan a los profesionales médicos a acceder y analizar registros médicos electrónicos de manera más eficiente.

Descubrimiento de Fármacos:

Abordaremos cómo la IA acelera el proceso de descubrimiento de nuevos fármacos, identificando compuestos prometedores y optimizando las combinaciones de medicamentos.

Robótica en Cirugía:

Discutiremos el uso de robots quirúrgicos controlados por IA en procedimientos quirúrgicos de alta precisión, lo que disminuye el riesgo y mejora los resultados.

Predicción de Resultados de Pacientes:

Analizaremos cómo los algoritmos de IA pueden predecir los resultados de pacientes, incluyendo el riesgo de complicaciones y la duración de la estancia hospitalaria.

Personalización de Tratamientos:

Explicaremos cómo la IA se utiliza para personalizar tratamientos médicos, adaptándolos a las necesidades específicas de cada paciente.

Ética en la IA en Medicina:

Discutiremos las consideraciones éticas y regulatorias en torno al uso de la IA en la medicina, incluyendo cuestiones de privacidad y seguridad de datos.

Educación Médica y Capacitación:

Mencionaremos cómo la IA se emplea en la educación médica y la capacitación de profesionales de la salud a través de simuladores y plataformas de aprendizaje.

La IA ha transformado la medicina y la atención médica de muchas maneras, mejorando la cuidadosa a medida que esta tecnología continúa avanzando en el campo de la salud.precisión del diagnóstico, la eficiencia del tratamiento y la calidad de la atención al paciente.

Sin embargo, también plantea desafíos éticos y regulatorios que deben abordarse de otra manera.

CAPÍTULO 8 IA EN LA INDUSTRIA Y LA AUTOMATIZACIÓN

La inteligencia artificial (IA) está teniendo un impacto significativo en la industria y la automatización, transformando la forma en que las empresas operan, producen bienes y brindan servicios.

En este capítulo, estudiaremos cómo la IA se está aplicando en diversos sectores industriales:

Automatización de la Producción:

Describiremos cómo la IA se utiliza en la automatización de procesos de producción, como líneas de ensamblaje, fábricas y plantas de producción.

La robótica industrial y los sistemas de control basados en IA permiten la fabricación eficiente y precisa.

Mantenimiento Predictivo:

Abordaremos cómo la IA se aplica al mantenimiento predictivo de equipos y maquinaria.

Los sensores y los algoritmos de IA pueden predecir fallos y programar el mantenimiento antes de que ocurran problemas costosos.

Optimización de la Cadena de Suministro:

Exploraremos cómo la IA mejora la gestión de la cadena de suministro al prever la demanda, optimizar la logística y reducir los costos de inventario.

Control de Calidad:

Discutiremos cómo la IA se utiliza en la inspección y el control de calidad de productos y componentes, garantizando estándares consistentes y reduciendo defectos.

Manufactura Aditiva:

Mencionaremos cómo la IA se integra en la fabricación aditiva, como la impresión 3D, para diseñar y producir objetos complejos y personalizados de manera más eficiente.

Agricultura de Precisión:

Analizaremos cómo la IA se aplica en la agricultura para monitorear cultivos, administrar la irrigación y optimizar la producción agrícola.

Industria Energética:

Examinaremos el uso de la IA en la industria energética, desde la exploración de yacimientos petroleros hasta la optimización de redes eléctricas y la gestión de plantas de energía.

Automatización en la Logística:

Discutiremos cómo la IA está revolucionando la logística y el transporte, mejorando la eficiencia en la gestión de flotas, rutas y distribución de mercancías.

Detección de Fraudes y Seguridad:

Mencionaremos cómo la IA se utiliza en la detección de fraudes en transacciones financieras y en la seguridad industrial para prevenir accidentes y amenazas.

Robótica Colaborativa:

Describiremos cómo la IA permite la robótica colaborativa, donde robots trabajan junto a humanos en entornos industriales, aumentando la eficiencia y la seguridad.

Transformación Digital:

Explicaremos cómo las empresas están adoptando la IA como parte de su estrategia de transformación digital, lo que incluye la implementación de chatbots, análisis de datos y sistemas de gestión de la información basados en IA.

Desafíos Éticos y Laborales:

Abordaremos las cuestiones éticas relacionadas con la automatización industrial, como la pérdida de empleos y la responsabilidad en caso de accidentes.

La IA en la industria y la automatización está revolucionando la eficiencia de los procesos, mejorando la calidad del producto y permitiendo la toma de decisiones más informadas.

Sin embargo, también plantea desafíos en términos de seguridad, ética y la adaptación de la fuerza laboral a una era de mayor automatización.

CAPÍTULO 9 DESARROLLO Y PROGRAMACIÓN DE SISTEMAS IA

Los fundamentos del desarrollo y la programación de sistemas de inteligencia artificial (IA).

Proporcionaremos una visión general de las habilidades, herramientas y procesos necesarios para crear aplicaciones de IA y sistemas inteligentes.

Los temas clave que se abordarán incluyen:

Lenguajes de Programación:

Discutiremos los lenguajes de programación más comunes

utilizados en el desarrollo de IA, como Python, R y Tensor Flow.

Cada lenguaje tiene sus propias ventajas y se utiliza en aplicaciones específicas.

Entornos de Desarrollo:

Exploraremos entornos de desarrollo y herramientas específicas para la IA, como Jupyter Notebook, que facilitan la experimentación y la visualización de datos.

Librerías y Marcos de Trabajo:

Presentaremos las librerías y marcos de trabajo populares utilizados en IA, como TensorFlow, PyTorch y scikit-learn, y cómo se aplican en la creación de modelos de aprendizaje automático.

Adquisición y Preprocesamiento de Datos:

Abordaremos la importancia de la adquisición y el preprocesamiento de datos de alta calidad para entrenar modelos de IA.

Discutiremos técnicas para limpiar, normalizar y transformar datos.

Entrenamiento de Modelos:

Explicaremos cómo se entrena un modelo de aprendizaje automático utilizando datos de entrenamiento y algoritmos de optimización.

Esto incluirá conceptos como la selección de características, la validación cruzada y el ajuste de hiper parámetros.

Evaluación de Modelos:

Mostraremos cómo evaluar la calidad de los modelos de IA utilizando métricas como precisión, recall y F1-score.

También discutiremos la importancia de la validación y la prueba en la evaluación de modelos.

Despliegue de Modelos:

Describiremos cómo desplegar modelos de IA en aplicaciones del mundo real, desde sistemas de recomendación hasta chatbots y sistemas de visión por computadora.

Interfaz de Usuario y Experiencia del Usuario (UI/UX):

Mencionaremos la importancia de diseñar interfaces de usuario efectivas para aplicaciones de IA, lo que incluye la experiencia del usuario y la facilidad de uso.

Ética en el Desarrollo de IA:

Abordaremos consideraciones éticas en el desarrollo de IA, como la recopilación y el uso de datos, y cómo garantizar que los sistemas sean justos y no discriminatorios.

Actualización y Mantenimiento: Discutiremos la necesidad de actualizar y mantener sistemas de IA a medida que cambian las condiciones y se recopilan nuevos datos.

Educación y Recursos:

Proporcionaremos recursos y fuentes de aprendizaje para aquellos interesados en aprender más sobre el desarrollo de sistemas de IA, incluyendo cursos en línea, libros y comunidades en línea.

Este capítulo proporcionará una visión general de los pasos involucrados en el desarrollo y la programación de sistemas de IA.

La creación de aplicaciones de IA efectivas requiere un conjunto de habilidades interdisciplinarias que abarca programación, matemáticas, estadísticas y dominio del problema, y este capítulo servirá como introducción a estos conceptos clave.

CAPÍTULO 10 EL FUTURO DE LA INTELIGENCIA ARTIFICIAL

Inteligencia artificial (IA) es emocionante y prometedor.

En este capítulo, veremos las tendencias y desarrollos que se perfilan en el horizonte de la IA, y cómo se espera que continúe impactando nuestra sociedad y el mundo en general.

Los temas clave que se abordarán incluyen:

Avances en Aprendizaje Profundo:

Discutiremos cómo se espera que el aprendizaje profundo siga siendo un motor principal de la IA, permitiendo la resolución de tareas más complejas y la creación de sistemas más inteligentes.

IA General (IAG):

Exploraremos el desafío y el potencial de lograr la IA general, una forma de inteligencia artificial que se aproxima a la inteligencia humana en una variedad de tareas, en lugar de ser especializada en una sola tarea.

Aplicaciones en la Medicina:

Analizaremos cómo la IA seguirá desempeñando un papel crucial en el diagnóstico, tratamiento y descubrimiento de nuevos tratamientos en la atención médica.

Transporte Autónomo:

Discutiremos el futuro de los vehículos autónomos, incluidos los automóviles, camiones y drones, y cómo cambiarán la movilidad y el transporte.

Aplicaciones en la Educación:

Mencionaremos cómo la IA se utilizará en la educación para personalizar la enseñanza, automatizar la evaluación y ampliar el acceso a la educación de calidad.

Ética y Regulación:

Abordaremos cómo se espera que la ética y la regulación en torno a la IA continúen evolucionando para

abordar desafíos éticos y garantizar un uso responsable de la tecnología.

Integración en la Industria:

Exploraremos cómo la IA se integrará aún más en la industria, optimizando la producción, la logística y la toma de decisiones.

Avances en Procesamiento de Lenguaje Natural:

Discutiremos cómo los avances en el procesamiento de lenguaje natural permitirán una comunicación más natural con las máquinas y una mayor comprensión del contexto.

Colaboración Hombre-Máquina:

Analizaremos cómo la colaboración entre humanos y sistemas de IA se convertirá en una parte fundamental de la fuerza laboral, mejorando la eficiencia y la toma de decisiones.

Aplicaciones en la Creatividad:

Mencionaremos cómo la IA se utiliza en la generación de arte, música, escritura y diseño, y cómo influye en la creatividad y la expresión humana.

Computación Cuántica y IA:

Abordaremos la influencia de la computación cuántica en la IA y cómo podría revolucionar la capacidad de resolver problemas complejos.

Desafíos Éticos y Sociales:
Discutiremos los desafíos éticos y

sociales emergentes relacionados con la IA, como la privacidad de los datos, la discriminación algorítmica y el impacto en el empleo.

En este capítulo, se destacará el continuo progreso de la IA y cómo está en camino de transformar la sociedad en una variedad de formas.

La IA se convertirá en una herramienta cada vez más ubicua en nuestras vidas, lo que plantea preguntas emocionantes y desafíos importantes que deberán abordarse en el camino hacia un futuro enriquecido por la inteligencia artificial.

CONCLUSIÓN

 A lo largo de este libro, hemos explorado el fascinante mundo de la inteligencia artificial (IA), desde sus fundamentos y evolución hasta sus diversas aplicaciones en la vida cotidiana, la medicina, la industria y más allá.

Hemos investigado el papel fundamental que juega la ética en la IA y hemos examinado los desafíos y oportunidades en el desarrollo y programación de sistemas de IA.

Hemos vislumbrado el emocionante futuro de la IA y su influencia en prácticamente todos los aspectos de nuestras vidas.

La IA ha pasado de ser una visión futurista a una realidad presente.

Está transformando la forma en que trabajamos, nos comunicamos, nos cuidamos y nos divertimos.

Desde diagnósticos médicos más precisos hasta vehículos autónomos, la IA ha demostrado ser una herramienta poderosa que mejora la eficiencia y nos permite abordar problemas complejos de maneras innovadoras.

Sin embargo, este avance también trae consigo desafíos significativos. La ética en la IA es esencial para garantizar que se utilice de manera justa y responsable, evitando sesgos y discriminación.

La regulación y la transparencia son fundamentales para mantener el control sobre sistemas de IA que pueden tener un impacto profundo en nuestras vidas.

Además, la adaptación a esta nueva era de automatización y colaboración hombre-máquina requiere una inversión en educación y desarrollo de habilidades.

La IA no es una tecnología que reemplace a la humanidad, sino una herramienta que la complementa.

Algunas de las aplicaciones más emocionantes de la IA involucran la colaboración entre humanos y máquinas, ampliando nuestra creatividad, productividad y capacidad para abordar desafíos complejos.

En última instancia, la IA es una herramienta poderosa que está en constante evolución.

Su impacto en el mundo sigue creciendo, y el futuro de la IA se perfila con innovaciones y descubrimientos que solo podemos comenzar a imaginar.

Este libro es un punto de partida, una introducción a un campo en constante expansión.

A medida que avanzamos en esta era de la IA, el conocimiento y la comprensión siguen siendo nuestras herramientas más valiosas.

La IA promete mejorar nuestras vidas de muchas maneras, y es responsabilidad de todos nosotros asegurarnos de que lo haga de manera ética y beneficiosa para la sociedad en su conjunto.

Comprende el Alcance de la IA:

Antes de comenzar, comprende lo que la IA puede y no puede hacer.

Las IA, incluyendo GPT-3.5, son expertas en generar texto en respuesta a preguntas o comandos, pero no poseen conocimiento o comprensión del mundo real.

No tienen experiencias ni emociones.

Define Tu Objetivo:

Antes de interactuar con la IA, define claramente cuál es tu objetivo.

¿Estás buscando información, asistencia con la redacción, resolución de problemas, entretenimiento u otro propósito?

Formula Preguntas Claras:

Formula preguntas o comandos de manera clara y concisa.

Cuanto más específica sea tu solicitud, más probable será que recibas una respuesta precisa.

Experimenta y Aprende:

La práctica es clave.

Experimenta con diferentes preguntas o comandos para comprender cómo funciona la IA y qué tipo de respuestas puedes esperar.

Proporciona Contexto:

Cuando sea necesario, proporciona contexto adicional.

Esto puede ayudar a la IA a comprender mejor tu solicitud y proporcionar respuestas más adecuadas.

Revisa y Modifica las Respuestas:

Las respuestas generadas por la IA pueden requerir revisión y modificación.

No dudes en ajustar las respuestas según tus necesidades o para que coincidan con tu estilo de comunicación.

Sé Consciente de la Ética:

La IA puede generar contenido en función de las instrucciones que recibe.

Asegúrate de utilizar la IA de manera ética y responsable, evitando solicitar contenido ofensivo o perjudicial.

Aprende de las Respuestas:

A medida que interactúas con la IA, puedes aprender de las respuestas que recibes.

Esto puede ayudarte a adquirir conocimientos o mejorar tus habilidades en diversas áreas.

No Confíes Ciegamente:

Aunque la IA puede proporcionar información útil, no debes confiar ciegamente en sus respuestas.

Siempre verifica la información crítica y busca fuentes adicionales cuando sea necesario.

Mantén una Conversación Natural:

Cuando desees mantener una conversación tipo chat con la IA, sigue un flujo de conversación natural.

La IA está diseñada para responder en un estilo de conversación, por lo que puedes preguntar y responder de manera similar.

Experimenta con Prompts Avanzados:

A medida que te sientas más cómodo, puedes experimentar con prompts más avanzados para obtener respuestas más específicas o creativas.

Explora las Capacidades de la IA:

La IA tiene capacidades más allá de responder preguntas.

Puedes utilizarla para escribir textos, generar código, crear contenido creativo y mucho más.

Explora sus capacidades para descubrir cómo puede ayudarte.

Recuerda que la interacción con una IA es una herramienta poderosa, pero también requiere un uso responsable y ético.

Con práctica y paciencia, puedes aprovechar al máximo esta tecnología y obtener respuestas precisas y útiles para tus necesidades.